Vorwort

Der Sommer ist endlich da, die Lust auf Eis steigt. Schon vor mehreren hundert Jahren war die Herstellung der kühlen Erfrischung bekannt. Anfangs mischte man Schnee mit Frucht und verzehrte es.
Später gab es dann Kühlschränke und Gefrierschränke. Immer neue Kreationen wurden ausprobiert.
Eis wurde zur Leidenschaft.
Um die Leidenschaft neu zu entfachen, habe ich dieses Buch geschrieben.

Inhaltsangabe

Macadamia-Eis
Nougat-Eis
Marzipan-Eis
Minz-Eis
Butterkeks-Eis
Weisse-Schokolade-Eis

Was wird benötigt?

Alle Rezepte basieren auf die Zubereitung mit dem Thermomix TM 31. Es sind aber auch alle Rezepte sehr leicht für den TM 21 abwandelbar. Bei einigen Rezepten benötigt man zusätzlich eine Eismaschine.

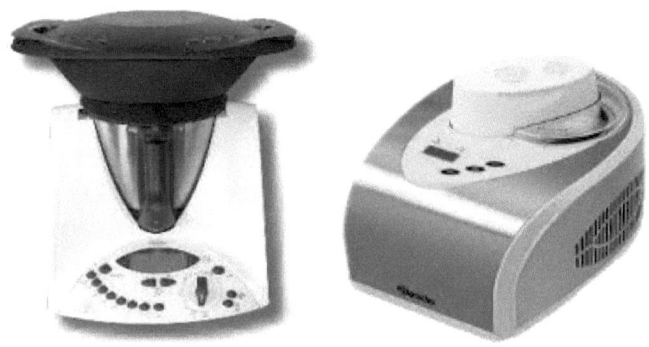

Grundzutaten

Die Grundzutaten bei der Eisherstellung sind Zucker oder Süßstoff, Eier, Sahne und Obst. Als zusätzliche Bindung kann man Johannisbrotkernmehl verwenden. Bei einigen Rezepten wird Oligofructose verwendet, diesen kann man aber auch einfach durch Zucker ersetzen. Oligofructose ist ein Mehrfachzucker und besitzt eine starke Süßkraft

Kiba-Eis

Zutaten
200 g gefrorene
Sauerkirschen
50 g H-Milch

200 g gefrorene Banane
Zucker nach Geschmack

Zubereitung
Alle Zutaten in den Mixtopf geben. Auf höchster Stufe 2 Minuten zerkleinern. Ab und zu alles mit dem Spatel hinunterschieben.

Käsekuchen-Eis

Zutaten
2 Eigelbe
150 g Vanille-
Puderzucker   300 g Quark
200 g Schmand

200 ml Sahne

Zubereitung:
Die Eigelbe und den Puderzucker in den TM
geben und 3 Minuten bei 70°C mit der Stufe 3
schaumig rühren.
Nun den Quark und den Schmand dazu geben und
alles 2 Minuten auf Stufe 2 rühren.
Die Masse nun umfüllen und kalt stellen - am
besten über Nacht.
Kurz vor der Eiszubereitung die 200 ml Sahne
steif schlagen und unter die Quark-
Schmandmasse heben. Dann in die Masse in die
Eismaschine geben. Die Eismaschine so lange in
Betrieb lassen, bis die gewünschte Konsistenz
erreicht worden ist.

Zitroneneis

Zutaten
250 ml Zitronensaft   450 g Naturjoghurt
150 g Puderzucker   4 Eiweiße
1 Prise Salz

Zubereitung
Zitronensaft / Joghurt / 100 g Puderzucker - in den Mixtopf geben und auf Stufe 4 cremig rühren!
Diese Mischung nun für 1 Stunde in den Kühlschrank stellen.
Danach die Eiweiße mit dem restlichem Puderzucker und dem Salz schön steif schlagen und der im Kühlschrank erkalteten Masse unterrühren.
Alles für ca. 60 Minuten in die Eismaschine geben.

Frozen Joghurt

Zutaten
150 g Naturjoghurt
gefroren   250 g gefrorene
Früchte   50 g Apfelsaft
100g Milch
evtl. Honig, Zucker

Zubereitung
Zuerst den Joghurt auf Turbo ca. 1 Minute
zerkleinern, dann die Früchte dazu und alles
wieder auf höchster Stufe mixen, dann mit
Apfelsaft, Honig oder Zucker und Milch
hinzugeben, so dass es cremig ist.

Spekulatius-Eis

Zutaten

180 g Spekulatius	4 Eier
100 g Zucker	500g Sahne
7 EL Sahne	
50 g Zartbitter-schokolade	2 Orangen

Zutaten

120 g Spekulatius im TM klein hacken, (nicht zu fein) und umfüllen, Eier trennen, Eiweiß steif schlagen, Sahne steif schlagen!
Eigelb und Zucker im TM. 4,5 Min /Stufe 4 verrühren.
Geschlagene Sahne, Eischnee, zerbröselten Spekulatius vorsichtig unter die Eigelbmasse heben und in Eiswürfelbereiter
oder flachen Schalen ca. 6 Std. einfrieren.

Übrigen Spekulatius im TM fein mahlen.
Eis herausnehmen und in 2 Port. im TM 30
Sek./Stufe 8 zu einem cremigen Eis aufschlagen,
in dem gemahlenen Spekulatius wälzen und bis
zum Verzehr wieder einfrieren.
Schokolade im TM hacken und mit 7 EL Sahne
erwärmen. Eis auf Dessertteller mit
Orangenfilets und etwas Warmer Schokosoße
garnieren!

Trauben-Eis

Zutaten

500 ml Milch	150 g Mascarpone
1 T. Vanillezucker	10 Pimentsamen
6 Gewürznelken	

Schalenabrieb einer 1/4 Bio-Zitrone
Schalenabrieb einer 1/2 Bio-Orange

1/2 TL Ingwer	1/2 TL Zimt
Samen von 2 Kardamom-	
Kapseln	1/4 TL Anis-Samen
6 Löffelbiskuit	2 – 3 EL Rohrzucker
3 EL Rumrosinen	

Zubereitung

Die Gewürze in einem Mörser zu Pulver zerstoßen.
Alle Zutaten Mixtopf geben und auf höchster
Stufe / 2 Minuten zu einer glatten Mischung
verarbeiten.
Die Masse im Kühlschrank 2 Stunden vorkühlen
und dann 35 Minuten in der Eismaschine
gefrieren.
Nun die Rumrosinen unterheben und ca. 1 Stunde
im Tiefkühlfach nachgefrieren.

Schokoladeneis

Zutaten
2 Eier
100g Zartbitter-
schokolade   1 EL Honig
1 Becher Sahne

Zubereitung
Eier trennen. Eiweiß mit Schmetterlingsaufsatz 2 Minuten auf Stufe 4 schlagen, umfüllen. Mixtopf abspülen.

Dann Sahne (außer etwa 6 EL) mit Schmetterlingsaufsatz auf Stufe 3 steif schlagen und ebenfalls umfüllen.

Anschließend Blockschokolade zerhacken (7 Sek. Stufe 5) und dann mit der restlichen Sahne schmelzen (3 Minuten 50 Grad Stufe 2).

Die restlichen Zutaten (Eigelb, Honig, Eischnee und Sahne) zu der Schokoladenmasse geben und verrühren. (15 Sekunden / Stufe 4)

Masse in eine Gefrierdose füllen und mindestens 3 Stunden einfrieren.

Bananensplit

Zutaten
4 eingefrorene Bananen
1 Becher Naturjoghurt   50g Schokolade

Zubereitung
Die Schokolade kurz bei Stufe 8 zerkleinern, dann die gefrorenen Bananen zugeben ebenfalls auf Stufe 8 zerkleinern. Dann einfach den Joghurt zugeben und auf höchster Stufe 30 Sekunden vermischen.

Erdbeer-Mandeleis

Zutaten
400 g gefr. Erdbeeren   80 g weißes Mandelmus
90 g Agavendicksaft   1 Msp. Vanillemark
1 Prise Meersalz

Zubereitung:
Erdbeeren in den Mixtopf wiegen 7 Sek./Stufe 7.
Restliche Zutaten zugeben 40 Sek./Stufe 5
vermischen.

Ananaseis

Zutaten
400 g Ananas in Stücken, gefroren
90 g Agavendicksaft   20g Zitronensafr

Zubereitung:
Ananasstücke in den Mixtopf geben 20
Sek./Stufe 7 zerkleinern, mit dem Spatel zum
Messer schieben.
Agavendicksaft und Zitronensaft zugeben 10
Sek./Stufe 5 vermischen.

Buttermilcheis

Zutaten
600 g Buttermilch   180 g Roh Rohrzucker
1 gestrichenen TL Oligofructose
1 gestrichenen TL Johannisbrotkernmehl

Zubereitung:
Alle Zutaten in den Mixtopf geben, 10
Min./50°/Stufe 3.
Danach 1 Min./Stufe 10 mixen.
Die Masse in einen Gefrierbehälter geben, mit
Frischhaltefolie abdecken und mit einem Deckel
verschließen– mindestens 4 Stunden einfrieren.
1. x schaumig mixen:
200 g der Eismasse 1 Min./Stufe 5 mixen.
Den Rest der Eiscreme LÖFFELWEISE auf das
laufende Messer geben – 3 Min./Stufe 5 mixen.
In einen Gefrierbehälter geben, mit
Frischhaltefolie abdecken und mit einem Deckel
verschließen.
Dann erneut einfrieren – ca.4 Stunden.

Zimteis

Zutaten
300 g Milch   300 g Mascarpone
120 g Zucker   0,5 Vanilleschote
1 Zimtstange   3 Eigelbe

Zubereitung
Rühraufsatz aufstecken.
Alle Zutaten in den Mixtopf geben und 20
Min./80°C/Stufe 2 erhitzen.
Abkühlen lassen, Vanilleschote und Zimtstange
entnehmen, einfrieren, in Würfel schneiden und
auf Stufe 5 cremig rühren.

Milchreis-Eis

Zutaten
90 g Milchreis   120 g Zucker
1 Liter Milch

Zubereitung
Milchreis und Zucker in den Mixtopf geben, 30
Sek./Stufe 10 mahlen.
Milch zugeben, 15 Min./90°/Stufe 2 garen.
Danach 2 Min./Stufe 10 mixen.
Diese Masse in Eiswürfelbehälter geben,
mindestens 8 Stunden einfrieren.
500 g Eiswürfel in den Mixtopf geben, 1 Min. &
40 Sek./Stufe 5 cremig mixen.

Wiener-Melange-Eis

Zutaten:

320 g gekochten Kaffee 600 g Sahne
5 Eigelbe
1 gestrichenen TL Oligofructose
1 gestrichenen TL Johannisbrotkernmehl
220 g Rohrohrzucker

Zubereitung:
Kaffee in den Mixtopf geben, 15
Min./Varomastufe/Stufe 2/ohne Messbecher.
Danach die restlichen Zutaten zugeben, 20
Min./80°/Stufe 3.
Danach 1 Min./Stufe 10 mixen.
Die Masse in einen Gefrierbehälter geben, mit
Frischhaltefolie abdecken und mit einem Deckel
verschließen. Mindestens 4 Stunden einfrieren.
1. x schaumig mixen:

200 g der Eismasse 1 Min./Stufe 5 mixen.
Den Rest der Eiscreme LÖFFELWEISE auf das
laufende Messer geben – 3 Min./Stufe 5 mixen.
In einen Gefrierbehälter geben, mit
Frischhaltefolie abdecken und mit einem Deckel
verschließen.
Dann erneut einfrieren, ca.4 Stunden.
2. x schaumig mixen
Genauso wie beim 1. Mixen vorgehen.
Nach mindestens 4 Stunden im Gefrierschrank
ist das Eis nun gefroren portionierbar.

Mango-Limetten-Sorbet

Zutaten:
450 g Mang gefroren   3 Limetten (Saft)
220 g Zucker   400 g Eiswürfel

Zubereitung:
Zucker in den Topf geben und 10 Sek./Stufe 10
Puderzucker herstellen.
Die gefrorenen Mangostücke, Limettensaft und
die Eiswürfel in den Topf geben und 1 Min./
Stufe 10 mixen.

Kokos-Eis

Zutaten
400 g Kokosmilch (Dose)   100 g Sahne
180 g Zucker
1 gestrichenen TL Oligofructose
1 gestrichenen TL Johannisbrotkernmehl

Zubereitung:
Alle Zutaten in den Mixtopf geben, 10 Min./50°/Stufe 3.
Danach 1 Min./Stufe 10 mixen.
Die Masse in einen Gefrierbehälter geben, mit Frischhaltefolie abdecken und mit einem Deckel verschließen– mindestens 4 Stunden einfrieren.
1. x schaumig mixen:
200 g der Eismasse 1 Min./Stufe 5 mixen.
Den Rest der Eiscreme LÖFFELWEISE auf das laufende Messer geben – 3 Min./Stufe 5 mixen.
In einen Gefrierbehälter geben, mit Frischhaltefolie abdecken und mit einem Deckel verschließen.

Dann erneut einfrieren – ca.4 Stunden.

2. Schaumig mixen

Genauso wie beim 1. x mixen vorgehen.

Nach mindestens 4 Stunden im Gefrierschrank ist das Eis nun gefroren portionierbar.

Erdbeer-Bananeneis

Zutaten

1 Banane	450g Erdbeeren
1/2 MB Wasser	150 g Zucker

Zubereitung:
Bananen in Stücken und Erdbeeren einen Tag lang einfrieren.
Gefrorenes Obst in den Mixtopf geben und 1 Min./Stufe 10 schreddern
Das Wasser und den Zucker dazugeben und 1.5 Min./ Stufe 4 rühren, damit das Eis schön cremig wird.

Melonen-Eis

Zutaten:

300 g Melone   180 g Zucker
1 gestrichenen TL Oligofructose
1 gestrichenen TL Johannisbrotkernmehl
600 g flüssige Sahne

Zubereitung:
Melone in den Mixtopf geben, 3 Sek./Stufe 10.
Dann 10 Min./Varoma/Stufe 2, ohne
Messbechercher – mit einem Wisch & Weg Tuch
abdecken.
Danach die restlichen Zutaten zugeben, 10
Min./70°/Stufe 3.
Danach 1 Min./Stufe 10 mixen.
Die Masse in einen Gefrierbehälter geben, mit
Frischhaltefolie abdecken und mit einem Deckel
verschließen– mindestens 4 Stunden einfrieren.
1. x schaumig mixen:

200 g der Eismasse 1 Min./Stufe 5 mixen.
Den Rest der Eiscreme LÖFFELWEISE auf das
laufende Messer geben – 3 Min./Stufe 5 mixen.
In einen Gefrierbehälter geben, mit
Frischhaltefolie abdecken und mit einem Deckel
verschließen.
Dann erneut einfrieren – ca.4 Stunden.
2. x schaumig mixen
Genauso wie beim 1. x mixen vorgehen.
Nach mindestens 4 Stunden im Gefrierschrank
ist das Eis nun gefroren portionierbar.

Pistazien-Eis

Zutaten:

50 g gehackte Pistazien 180 g Zucker
350 g flüssige Sahne 200 g Milch
1 gestrichenen TL Oligofructose
1 gestrichenen TL Johannisbrotkernmehl

Zubereitung
Pistazien und Zucker in den Mixtopf geben, 30 Sek./Stufe 10 mixen.
Restliche Zutaten zugeben, 10 Min./70°/Stufe 3.
Danach 1 Min./Stufe 10 mixen.
Die Masse in einen Gefrierbehälter geben, mit Frischhaltefolie abdecken und mit einem Deckel verschließen– mindestens 4 Stunden einfrieren.
1. x schaumig mixen:
200 g der Eismasse 1 Min./Stufe 5 mixen.
Den Rest der Eiscreme LÖFFELWEISE auf das laufende Messer geben – 3 Min./Stufe 5 mixen.
In einen Gefrierbehälter geben, mit

Frischhaltefolie abdecken und mit einem Deckel
verschließen.
Dann erneut einfrieren – ca.4 Stunden.
2. x schaumig mixen
Genauso wie beim 1. x mixen vorgehen.
Nach mindestens 4 Stunden im Gefrierschrank
ist das Eis nun gefroren portionierbar.

Mohneis

Zutaten:

40 g Mohn	600 g flüssige Sahne
200 g Zucker	
1 gestrichenen TL Oligofructose	
1 gestrichenen TL Johannisbrotkernmehl	

Zubereitung:
Alle Zutaten in den Mixtopf geben, 10 Min./70°/Stufe 3.
Danach 1 Min./Stufe 10 mixen.
Die Masse in einen Gefrierbehälter geben, mit Frischhaltefolie abdecken und mit einem Deckel verschließen– mindestens 4 Stunden einfrieren.
1. x schaumig mixen:

200 g der Eismasse 1 Min./Stufe 5 mixen.
Den Rest der Eiscreme LÖFFELWEISE auf das
laufende Messer geben – 3 Min./Stufe 5 mixen.
In einen Gefrierbehälter geben, mit
Frischhaltefolie abdecken und mit einem Deckel
verschließen.
Dann erneut einfrieren – ca.4 Stunden.
2. x schaumig mixen
Genauso wie beim 1. x mixen vorgehen.
Nach mindestens 4 Stunden im Gefrierschrank
ist das Eis nun gefroren portionierbar.

Macadamia-Eis

Zutaten:

100 g Macadamia gehackt
600 g flüssige Sahne   200 g Zucker
1 gestrichenen TL Oligofructose
1 gestrichenen TL Johannisbrotkernmehl

Zubereitung:
Alle Zutaten in den Mixtopf geben, 10
Min./70°/Stufe 3.
Danach 1 Min./Stufe 10 mixen.
Die Masse in einen Gefrierbehälter geben, mit
Frischhaltefolie abdecken und mit einem Deckel
verschließen– mindestens 4 Stunden einfrieren.
1. x schaumig mixen:
200 g der Eismasse 1 Min./Stufe 5 mixen.
Den Rest der Eiscreme LÖFFELWEISE auf das
laufende Messer geben – 3 Min./Stufe 5 mixen.
In einen Gefrierbehälter geben, mit
Frischhaltefolie abdecken und mit einem Deckel
verschließen.

Dann erneut einfrieren – ca.4 Stunden.
2. x schaumig mixen
Genauso wie beim 1. x mixen vorgehen.
Nach mindestens 4 Stunden im Gefrierschrank
ist das Eis nun gefroren portionierbar.

Nougat-Eis

Zutaten

150 g Nuss Nougat in Stücken
600 g flüssige Sahne   180 g Roh Rohrzucker
1 gestrichenen TL Oligofructose
1 gestrichenen TL Johannisbrotkernmehl

Zubereitung
Alle Zutaten in den Mixtopf geben, 15
Min./80°/Stufe 3.
Danach 1 Min./Stufe 10 mixen.
Die Masse in einen Gefrierbehälter geben, mit
Frischhaltefolie abdecken und mit einem Deckel
verschließen- mindestens 4 Stunden einfrieren.
1. x schaumig mixen:
200 g der Eismasse 1 Min./Stufe 5 mixen.
Den Rest der Eiscreme LÖFFELWEISE auf das
laufende Messer geben – 3 Min./Stufe 5 mixen.
In einen Gefrierbehälter geben, mit

Frischhaltefolie abdecken und mit einem Deckel
verschließen.
Dann erneut einfrieren – ca.4 Stunden.
2. x schaumig mixen
Genauso wie beim 1. x mixen vorgehen.
Nach mindestens 4 Stunden im Gefrierschrank
ist das Eis nun gefroren portionierbar.

Marzipan-Eis

Zutaten

150 g Marzipanrohmasse in Stücken
600 g flüssige Sahne   180 g Roh Rohrzucker
1 gestrichenen TL Oligofructose
1 gestrichenen TL Johannisbrotkernmehl

Zubereitung
Alle Zutaten in den Mixtopf geben, 15
Min./80°/Stufe 3.
Danach 1 Min./Stufe 10 mixen.
Die Masse in einen Gefrierbehälter geben, mit
Frischhaltefolie abdecken und mit einem Deckel
verschließen– mindestens 4 Stunden einfrieren.
1. x schaumig mixen:
200 g der Eismasse 1 Min./Stufe 5 mixen.
Den Rest der Eiscreme LÖFFELWEISE auf das
laufende Messer geben – 3 Min./Stufe 5 mixen.
In einen Gefrierbehälter geben, mit

Frischhaltefolie abdecken und mit einem Deckel
verschließen.
Dann erneut einfrieren – ca.4 Stunden.
2. x schaumig mixen
Genauso wie beim 1. x mixen vorgehen.
Nach mindestens 4 Stunden im Gefrierschrank
ist das Eis nun gefroren portionierbar.

Minz-Eis

Zutaten

20 g Minze gehackt
600 g flüssige Sahne   180 g Roh Rohrzucker
1 gestrichenen TL Oligofructose
1 gestrichenen TL Johannisbrotkernmehl

Zubereitung
Alle Zutaten in den Mixtopf geben, 15
Min./80°/Stufe 3.
Danach 1 Min./Stufe 10 mixen.
Die Masse in einen Gefrierbehälter geben, mit
Frischhaltefolie abdecken und mit einem Deckel
verschließen– mindestens 6 Stunden einfrieren.
1. x schaumig mixen:
200 g der Eismasse 1 Min./Stufe 5 mixen.
Den Rest der Eiscreme LÖFFELWEISE auf das
laufende Messer geben – 3 Min./Stufe 5 mixen.
In einen Gefrierbehälter geben, mit

Frischhaltefolie abdecken und mit einem Deckel
verschließen.
Dann erneut einfrieren – ca.4 Stunden.
2. x schaumig mixen
Genauso wie beim 1. x mixen vorgehen.
Nach mindestens 4 Stunden im Gefrierschrank
ist das Eis nun gut portionierbar.

Butterkeks-Eis

Zutaten

100g Butterkekse in den Mixtopf geben und auf
höchster Stufe 30 Sekunden zerkleinern
600 g flüssige Sahne   180 g Roh Rohrzucker
1 gestrichenen TL Oligofructose
1 gestrichenen TL Johannisbrotkernmehl

Zubereitung
Alle Zutaten in den Mixtopf geben, 15
Min./80°/Stufe 3.
Danach 1 Min./Stufe 10 mixen.
Die Masse in einen Gefrierbehälter geben, mit
Frischhaltefolie abdecken und mit einem Deckel
verschließen- mindestens 4 Stunden einfrieren.
1. x schaumig mixen:

200 g der Eismasse 1 Min./Stufe 5 mixen.
Den Rest der Eiscreme LÖFFELWEISE auf das
laufende Messer geben – 3 Min./Stufe 5 mixen.
In einen Gefrierbehälter geben, mit
Frischhaltefolie abdecken und mit einem Deckel
verschließen.
Dann erneut einfrieren – ca.4 Stunden.
2. x schaumig mixen
Genauso wie beim 1. x mixen vorgehen.
Nach mindestens 4 Stunden im Gefrierschrank
kann man dann das Eis geniessen.

Weisse-Schokolade-Eis

Zutaten

150 g weisse Schokolade in Stücken
600 g flüssige Sahne   180 g Roh Rohrzucker
1 gestrichenen TL Oligofructose
1 gestrichenen TL Johannisbrotkernmehl

Zubereitung
Alle Zutaten in den Mixtopf geben, 15
Min./80°/Stufe 3.
Danach 1 Min./Stufe 10 mixen.
Die Masse in einen Gefrierbehälter geben, mit
Frischhaltefolie abdecken und mit einem Deckel
verschließen– mindestens 4 Stunden einfrieren.
1. x schaumig mixen:
200 g der Eismasse 1 Min./Stufe 5 mixen.
Den Rest der Eiscreme LÖFFELWEISE auf das
laufende Messer geben – 3 Min./Stufe 5 mixen.
In einen Gefrierbehälter geben, mit

Frischhaltefolie abdecken und mit einem Deckel
verschließen.
Dann erneut einfrieren – ca.4 Stunden.
2. x schaumig mixen
Genauso wie beim 1. x mixen vorgehen.
Nach mindestens 4 Stunden im Gefrierschrank
ist das Eis nun gefroren portionierbar.

Herstellung und Verlag:
BoD - Books on Demand, Norderstedt
ISBN 978-3-7357-4277-3